u Closel d'Arnery.

———

Abus et dangers
de
la contrainte par corps.

du Closel d'Arnery.

Abus et dangers

de

la contrainte par corps.

B

ET DANGERS

DE

LA CONTRAINTE PAR CORPS.

Par M. DU CLOSEL D'ARNERY,
Ecuyer.

A PARIS,

Chez { L'AUTEUR, rue Saint-André-des-Arts;
petit hôtel de Bourgogne;
ROYEZ, Libraire, quai des Augustins;
Et les Libraires du Palais-Royal.

1788.

Avec Approbation & Permission.

On trouve chez l'Auteur & chez les mêmes Libraires, les Loisirs de Libanius, ou les doutes d'un Philosophe, poëme.

Le Bon Citoyen, ou l'Impôt territorial.

Moyen de constater l'état civil des Protestans.

Essai sur l'intolérance & l'éducation religieuse du citoyen.

ABUS

ET DANGERS

D E

LA CONTRAINTE PAR CORPS.

ON ne peut qu'applaudir au projet
des nouvelles prisons où le particulier détenu pour dettes est séparé de
celui qui est enfermé pour crime.

En effet, quel cœur sensible ne fré-
missoit pas à la vue de ces réceptacles
fangeux où l'homme honnête & le vil
criminel étoient étonnés de se voir
réunis sous le même toit, rassemblés
dans la même chambre, quelquefois
assis à la même table ; où le jeune

A 2

homme deſtiné à remplir des places diſtinguées, pouvoit ſe trouver confondu avec le ſcélérat dévoué au ſupplice ; où celui qui n'avoit à ſe reprocher qu'une légère imprudence, étoit forcé de reſpirer, pendant des mois entiers, un air doublement infeſté, & par des maladies trop ſouvent contagieuſes, & par la redoutable épidémie du crime. (a)

Toute eſpèce de communication eſt enfin interdite entre les membres corrompus & la partie encore ſaine du corps politique ; des lignes immuables de démarcation ſéparent à jamais de la ſociété ceux que leurs forfaits en ont déjà proſcrit.

Cet établiſſement ſi utile n'eſt cependant qu'un léger palliatif d'un

_____

(a) *Quotidiano uſu cœteris perſimilis efficitur.* SALLUST.

mal plus invétéré : quel eft ce mal?
c'eft l'abus de la contrainte par corps ;
contrainte qui a lieu parmi nous
pour un fi grand nombre de caufes,
qu'il feroit trop long de les parcourir.
Je me contenterai de montrer les maux
qui réfultent de cette condamnation
lorfqu'elle eft prononcée contre les
bourgeois & gentilshommes, à défaut de paiement .... des lettres de
change, des dépens liquidés à une
fomme au-deffus de 200 livres, des
mois de nourrice, des dommages
& intérêts en matière criminelle,
des frais de géfine & des arrérages
de ferme, pour les baux qui portent foumiffion à la contrainte par corps.

*De la Contrainte par corps pour lettres
de chane .*

Celui qui prête eft toujours ou un
galant homme qui veut obliger, ou

un capitaliſte qui place ſes fonds, ou un marchand qui a vendu quelques parties de marchandiſes, ou enfin un uſurier qui abuſe du beſoin pour prêter à dix, vingt, trente, cinquante & quelquefois cent pour cent d'intérêt.

Celui qui prête pour obliger, n'a jamais demandé une lettre de change; le capitaliſte & le marchand honnête en exigent rarement, parce qu'ils ne travaillent qu'avec des citoyens connus qui ont pour caution un patrimoine aſſuré.

La lettre de change du fils de famille, du bourgeois, du gentilhomme n'eſt donc faite en général qu'au profit de la claſſe uſurière qui, bien convaincue de la mauvaiſe volonté d'un débiteur, toujours peu diſpoſé à payer une ſomme quelquefois double de celle qu'il a reçue, ne cherche qu'à multiplier ſes ſûretés.

Mais ce pouvoir fatal de s'engager

foi-même est-il si utile à celui qui veut emprunter ?

Une sage législation ne doit laisser aux citoyens d'autre liberté que celle qui leur est avantageuse : or, quel bien peut-il résulter du triste privilége de pouvoir se soumettre à la peine de la contrainte par corps?

Suivons la marche du jeune homme qui, pressé par de prétendus besoins, signe une lettre de change: que fait-il? un funeste agiotage, dont le plus sûr bénéfice sera pour le courtier, qui reçoit un double salaire & de celui qui prête & de celui qui emprunte.

Ce courtier a encore un troisième profit dans une prétendue revente ; je dis une prétendue, car l'usurier est souvent convenu d'avance de reprendre ses marchandises, moyennant une certaine perte : ainsi l'emprunteur ne reçoit effectivement que le tiers ou la moitié de la somme pour laquelle

Il s'est obligé. Cet argent est même quelquefois partagé entre plusieurs jeunes gens dont l'habile créancier a exigé la réunion & l'endossement; & souvent il n'y en a parmi eux qu'un seul de solvable : celui-là seul est donc rigoureusement poursuivi.

Ce dernier a-t-il reçu au moins un argent qu'il ne pouvoit se procurer qu'à cette triste condition? Non sans doute; mais, grace à la facilité meurtrière que donnent les lettres de change, la jeunesse préfere cette ressource à toute autre. D'anciens camarades indiquent des prêteurs complaisans, dont le langage mielleux n'annonce que des offres de service, insensiblement on s'initie dans le secret des affaires, on se familiarise avec elles ; & bientôt seul & sans guide, on marche à grands pas dans cette route de dissolution.

Quel est le fruit de toutes ces

négociations? le luxe, la débauche, une trifte révolution dans les fortunes; révolution qui procure une fubfiftance fouvent terrible à une troupe de gens fans état & fans mœurs ; efpèce dépravée qui, toujours agitée d'une fombre inquiétude, n'a de reffource & d'exiftence que dans l'obfcure fermentation des crimes ou des défordres. (a)

Mais je veux croire que le débiteur ait un befoin très-preffant, & que le capitalifte n'exige qu'un intérêt licite.

Quelque impérieufe que foit la circonftance qui paroît rendre un emprunt néceffaire, eft-elle jamais auffi urgente que le danger de perdre fa liberté? Les inconvéniens qui réfultent du défaut de l'argent qu'on cherche, peuvent-ils être comparés au difcrédit

---

(a) *Plebs fordida ... teterimi hominum ... qui per dedecus Neronis alebantur.* TACITE.

qu'entraîne l'éclat d'un emprifonnement ?

Pourquoi, dira-t-on, fuppofer que
celui qui emprunte ne paiera pas ?
pourquoi, fous prétexte d'un péril
éventuel, priver à la fois & celui qui
veut emprunter, de la feule reffource
qui lui refte, & celui qui prête, d'une
fûreté légitime, fûreté fans laquelle
il compromettroit fes fonds ?

Sans doute il eft plufieurs débiteurs
qui font honneur à leurs engagemens;
mais fi vous voulez connoître le nombre
de ceux qui font dans l'impoffibilité
de les remplir, confultez, non les
brillantes illufions que cherche à faire
celui qui veut emprunter, mais les
regiftres des juges - confuls : portez
un œil réfléchi fur ces tables de prof-
cription, & vous verrez que quoiqu'à
cette jurifdiction il y ait à Paris trois
audiences par femaine, il n'en eft pas
néanmoins une feule où ce tribunal

ne prononce plus de deux cents jugc-
mens portant contrainte par corps.

Le péril de cette contrainte n'eſt
donc pas un péril chimérique ; l'argent même le plus utile devient dangereux, dès qu'il eſt prêté ſous cette
réſerve menaçante ; dangereux à raiſon des intérêts uſuraires ſi commu-
nément exigés, mais vraiment funeſte
par toutes ces viles intrigues employées
pour l'obtenir ; funeſte par ces ſcènes
déchirantes & quelquefois néceſſaires
pour forcer à le rèndre ; funeſte par
ces dénouemens déſaſtreux qu'a trop
ſouvent préſentés à la juſtice l'indigne
agiot des lettres de change... agiot
ténébreux dans lequel nous avons vu
des hommes de tous les rangs & de
tous les états proſtituer fortune, nom,
ſang & devoir.

On inſiſte & on prétend qu'on ne
doit pas au moins priver le créancier
de la ſûreté légitime qu'il exige.

*Le capitaliste trouve-t-il dans une
lettre de change une plus grande
sûreté ?*

J'AVOUE que la contrainte par corps
semble, au premier coup-d'œil, offrir
au prêteur quelque avantage , mais
une simple perspective ne donne souvent que des notions fausses ou con-
fuses ; l'homme sage doit se décider,
non sur des apperçus , mais d'après un
examen réfléchi.

Tout débiteur est nécessairement
solvable , ou insolvable , ou dans une
situation tellement critique , qu'on
craint qu'il ne manque à ses engagemens , & que ses biens suffisent à
peine pour payer ses dettes.

La lettre de change n'est pas nécessaire vis-à-vis du débiteur notoirement
bon : il paye à la présentation de
son billet.

S'il eft infolvable, les pourfuites font vainement multipliées; leur éclat, inutile au créancier, prive de toutes les reffources un citoyen qui eût pu fe relever & s'acquitter s'il eût confervé fon crédit.

La contrainte par corps ne peut donc être ftipulée avec fuccès que contre celui qui eft fur le point de manquer, ou qui a d'autres créanciers; alors on peut fe flatter que la crainte de l'emprifonnement forcera le débiteur de s'exécuter promptement & de payer par préférence ceux qui pourroient le perdre. J'avoue qu'il eft en effet quelques particuliers qui, épouvantés par l'appareil des pourfuites, s'empreffent d'acheter, de vendre à tout prix, à toute condition, à toute perfonne, & qui parviennent enfin à payer quelques dettes trop urgentes.

Mais dans ce moment de crife ils

confomment leur ruine & préparent
fouvent celle d'un nouveau prêteur
qui, ignorant le fecret de leur défaftre,
a eu l'imprudence de leur confier
une partie de fa fortune... Ainfi un
créancier n'eft alors payé qu'aux dépens d'un autre qui tombe dans le
piége, auquel le premier a eu le
bonheur d'échapper.

Mais s'il eft quelques débiteurs
que la contrainte par corps force au
paiement, il en eft auffi un grand
nombre qui, craignant à chaque inftant d'être précipités dans l'horreur
d'une prifon, fe hâtent d'aller chercher un afyle dans les pays étrangers.

Combien enfin de citoyens qui
fouvent affignés, jugés & condamnés
fans avoir eu le moindre avis de la
procédure faite contr'eux (a), com-

_____

(a) Quelques ufuriers pratiquent une
fraude qu'on ne fauroit profcrire avec trop

bien, dis-je, font tout-à-coup arrachés à leurs foyers par une troupe de fatellites, & voient dans un inftant tout efpoir pour eux fe perdre & s'évanouir à jamais !

L'aveugle créancier fatisfait il eft vrai,

---

de févérité ; ils font tirer une lettre de change qui paroît n'être payable qu'à un an de terme, & qui dans le fait devient tout de fuite exigible. La lettre eft en effet tirée à un an de terme fur un banquier inconnu, & bientôt après préfentée à ce banquier ; ce dernier, qui n'a aucune relation avec le tireur, refufe d'accepter... protêt, dénonciation du protêt au tireur, avec affignation pour voir dire qu'attendu le défaut d'acceptation du banquier fur lequel la lettre de change eft tirée, le tireur fera condamné ou à payer ou à donner caution ; & ce qu'il y a de plus fingulier, c'eft que ce dol infigne du prêteur eft toujours confacré par une fentence.

de tenir fon débiteur dans les chaînes,
fe flatte qu'une famille entière s'em-
preffera de les brifer; mais cette
efpérance n'eft que trop fouvent fri-
vole; de nouvelles créances éclatent;
les écrous fuccèdent aux écrous, &
bientôt tout efpoir eft perdu pour
les créanciers.

Ces derniers, inftruits par une trifte
expérience, s'apperçoivent enfin que
la ftipulation de la contrainte par
corps n'eft qu'une fauffe amorce &
qu'une verge inutilement deftructrice;
ils voient à regret, mais trop tard,
qu'ils ont été trompés par les affurances même qui fembloient devoir
garantir leur créance.

Mais s'ils n'avoient pas été perfuadés
que cette contrainte étoit une efpèce
de nantiffement de leurs fonds, & que
leur débiteur ne s'expoferoit jamais
aux funeftes fuites d'un emprifonnement, fans doute ils auroient été
moins

moins faciles à fe laiffer abufer par l'illufion des promeffes, le preftige des projets, ou le vain efpoir d'une prétendue fucceffion.

Plus circonfpects, plus clair-voyans dans les informations répétées qu'ils auroient faites, ils euffent préféré l'emploi démontré fûr à celui qui paroiffoit fi lucratif, & le placement vraiment folide à l'attrait de quelques deniers de plus.

Je pourrois même faire obferver que jamais il ne fut un abus plus déplorable, que celui qu'on fait aujour-d'hui des lettres de change : elles dûrent leur origine à la bonne foi de nos pères, qui, confultant plus les règles faintes & immuables de la probité que la rigueur d'une loi arbi-traire, acceptèrent cette efpèce de mandat, & renvoyèrent, avec la plus fcrupuleufe exactitude, les fonds qu'ils

B

devoient aux Juifs expatriés (*a*) : ainſi une vexation exercée contre une nation, ſans doute plus coupable de ſes richeſſes que de ſes crimes, fit éclorre la lettre de change.

Mais aujourd'hui ce ſigne jadis re-préſentatif de la bonne foi eſt devenu un moyen d'eſclavage, une convention inhumaine par laquelle l'homme infortuné engage ce qui lui reſte.... ſa liberté. (*b*)

(*a*) Philippe-Auguſte bannit tous les Juifs de ſon royaume, & par un édit déclara ſes ſujets quittes envers eux... Une obſervation eſſentielle, c'eſt qu'une pareille vexation fut hautement improuvée par le pape ſaint Grégoire-le-grand, qui fit dédommager les Juifs de la ſynagogue de Palerme, de ce que les Chrétiens leur avoient enlevé.

(*b*) Le payſan au moins, dit M. Volnei, eſt libre en Syrie, car les Turcs ignorent l'art de faire empriſonner pour dettes l'homme qui n'a plus rien. *Voyez le Voyage de Syrie, page 374.*

Eſt-il de l'intérêt public d'accorder aux capitaliſtes la contrainte par corps contre leurs débiteurs ?

JE dois encore examiner s'il eſt de l'intérêt public d'autoriſer une condamnation par corps qui prive la patrie d'un citoyen qui peut lui être utile.

Sans doute le légiſlateur n'eſt point obligé de conſulter l'inquiète défiance de celui qui prête, ou l'aveugle réſignation de celui qui emprunte ; uniquement guidé par les ſentimens d'une juſtice bienfaiſante, il doit écouter le vœu général, prendre pour modèle les bons princes, & ſur-tout fixer ſes regards ſur les cauſes de la chûte & de l'élévation des empires.

Je n'ai garde de faire ſur ces objets une digreſſion ſavante ; mais je me plais à rappeller qu'une des

plus belles inſtitutions de *Moïſe* (*a*),
eſt celle de ce jubilé vraiment ſaint,
qui, à la cinquantième année, rendoit
aux terres leurs anciens propriétaires,
aux hommes leur primitive liberté.

Les Grecs & les Romains ne pro-
nonçoient qu'avec une tendre véné-
ration les noms de *Licurgue* & de
Solon, les noms plus chers encore
de *Ménénius Agrippa, Valérius Publi-
cola, Quintus Hortenſius ;* tous ces
grands hommes ſe ſont fait une gloire
de briſer les chaînes & les verges
avec leſquelles on empriſonnoit, on
déchiroit le débiteur inſolvable. (*b*)

_____

(*a*) Voyez le Lévit. chap. 25, ver. 10.

(*b*) Ces réglemens furent, à la vérité,
aſſez mal exécutés & même abrogés par
les décemvirs qui eurent l'inhumanité de
permettre aux créanciers de diſſéquer, de
partager le corps du débiteur inſolvable.

Il fuffit enfin de porter un coup-
d'œil fur l'hiftoire & de rechercher
dans le tableau des faits les caufes
des événemens (a), pour fe convaincre
que les plaintes des débiteurs n'ont
que trop fouvent été un des refforts
fecrets de la commotion des empires. (b)

On doit ajouter à la gloire du peuple
romain que fes annales ne fourniffent aucun
exemple de l'exécution de cette loi barbare.
Elle fut enfin révoquée par la loi *pœtilia
papiria*. Je ne dois pas diffimuler que
quelques commentateurs donnent à cette
première loi une interprétation différente.

(a) Celui qui prédiroit l'avenir d'après
une méditation profonde de l'hiftoire, pourroit
dire, avec autant de vérité qu'Achille &
Mopfus :

Cet oracle eft plus fûr que celui de Calchas.

(b) Les deux retraites du peuple romain
fur le mont facré n'ont pas eu d'autres
caufes.

B 3

Ces inftitutions, ces loix, ces exemples, paroîtront peut-être étrangers à notre fiècle, à nos mœurs; je les oublie donc & ne me permets qu'une feule réflexion; j'ai prouvé que la contrainte par corps rendoit plus faciles les emprunts : & l'expérience apprend affez qu'ils ouvrent fous nos pieds de nouveaux abymes où s'engloutiffent chaque jour, patrimoine, honneur & fanté. Donc ils font nuifibles au repos des familles, deftructifs de fortunes, & par conféquent contraires à la profpérité publique, qui n'eft & ne peut être que le réfultat des profpérités particulières. (*a*)

» (*a*) On a remarqué que dans les
» temps & les pays où la contrainte par
» corps avoit lieu en toutes fortes de cas,
» il en réfultoit plus de maux que de biens;

(23)

Cette révolution dans la fortune des particuliers eſt, dirat-on, indifférente aux princes : la maſſe des richeſſes eſt toujours la même dans leurs Etats.

———————————

» & cela n'eſt pas étonnant, ſi l'on conſi-
» dère qu'un homme enlevé à la ſociété
» en eſt retranché, en quelque ſorte, pen-
» dant le cours de ſa détention, & com-
» munique ſon état de mort à ſes affaires
» & à ſa famille... Le légiſlateur doit con-
» ſidérer la nature du Gouvernement pour
» déterminer les cas où l'on doit uſer de
» cette contrainte... Dans les Etats où les
» loix ſeules règnent, on doit être difficile
» à l'admettre, à raiſon des reſſources que la
» propriété y procure, & de la conſidéra-
» tion que l'on doit faire d'un citoyen....

Voyez la Procédure civile du châtelet, par M. Pigeau, l. 1 , p. 404.

Voyez auſſi Monteſquieu, Eſprit des loix; l. 20, ch. 15.

B 4

Ainſi cette loi, ſi ſouvent rappellée
par tous les jurifconſultes, cette loi
conſacrée par l'hommage de toutes
les nations :.... *La république doit
veiller à ce que nul ne diſſipe ſon
bien en folles dépenſes* (a)... Cette
loi n'eſt donc que le vœu ſuranné
d'une aveugle légiſlation.

Ce ſaint zèle qu'ont eu nos pères
pour la tranſmiſſion de leurs biens
héréditaires, cette ſubſtitution indé-
finie des propres dans les lignes,
cette faculté générale de les retraire,
cette ſage interdiction de vendre les
biens avitins (b), cet intérêt ſi preſ-

(a) *Expedit enim reipublicæ ne ſuâ re
quis malè utatur.* Inſt. 9. De his qui ſui.

(b) Pluſieurs coutumes, telles que celles
de Béarn, de Bayonne, &c. &c. appellent
ainſi les biens poſſédés pendant pluſieurs
générations; & ceux qui ont des enfans

fant pour la confervation des patri-
moines, intérêt confacré par toutes
les coutumes, cet intérêt ne feroit
plus aujourd'hui qu'un intérêt vain
& illufoire.

Qu'importe en effet que l'héritage
des Camille, des Fabius, des Scipion,
foit envahi par les Scaptius & les
Fufidius (a)... Que le patrimoine

---

ou des parens àun certain degré ne peuvent,
fous l'empire de ces coutumes , donner ou
vendre qu'une certaine partie de leurs biens
avitins.

(a) Ufuriers dont parlent Horace &
Cicéron... *Clamare omnes qui aderant nihil
impudentiùs Scaptio qui centefimo cum ano-
tocifmo contentus non effet.* Lettre de Cic.
à Atticus.

Fufidius vappæ famam timet ac nebulonis.
. . . .
. . . .
Tantò perditior quifque eft, tantò acrius urget
HOR. fat. 2 , l. 1.

d'un Ariftide, d'un Caton fuffife à
peine pour affouvir le luxe dévorant
d'une Laïs ou d'une Popée... Que le
pontificat, le facerdoce devienne le
prix des exactions, qu'un Pallas (a),
qu'un Démétrius (b), étonné du con-
trafte de fon état & de celui de fon
père, fe dife à lui-même,

Undè habeas nemo quærit fed oportet ha-
bere. (c)

(a) Pallas, affranchi de Claude... quelle
honte, difoit Pline, que Rome ait vu les
licteurs & les faifceaux marcher devant
un affranchi, un Pallas qui avoit porté fur
fes pieds l'empreinte de l'efclavage !....
Undè cretatis pedibus Romæ veniffet.

(b) Affranchi de Pompée, qui avoit
amaffé des richeffes immenfes, & qui fit
feul les frais de ce fameux amphithéâtre qui
pouvoit contenir plus de quarante mille
perfonnes.

(c) Vers d'Ennius, rapporté par Juvenal.

Qu'importe?... ah! quel eſt le citoyen honnête qui ne partage pas avec moi l'indignation qu'a toujours cauſé ce bouleverſement général dans les for-tunes, cette eſpèce de métempſycoſe qui ſe fait aujourd'hui des terres & des noms des plus grands hommes? je n'ai garde d'ajouter de leurs ames; car tous ces nouveaux parvenus ne doivent une criminelle opulence qu'à leur abjection, leur baſſeſſe, leur vileté, qui les rend excluſivement propres à tout voir, tout entendre, tout oſer, & pour tout dire enfin, à être ou les eunuques de nos palais européens, ou les macédo (a) de notre ſiècle.

Les Romains, plus ſages que nous, diſoit le judicieux Argou, puniſſoient

_____

(a) Autre uſurier qui a donné ſon nom au ſénatus-conſulte macédonien.

les corrupteurs de leurs efclaves; &
nous, nous favorifons les féducteurs
de nos enfans, en accordant la contrainte par corps, pour plus grande
fûreté des prêts ufuraires.

On me dira peut-être, que fi le
légiflateur défend de prêter fous lettre
de change, les capitaliftes, privés du
gage qui remplaçoit leur argent, fer-
meront leur bourfe.

Je réponds, & il eft facile de
prouver, que cette heureufe prohibi-
tion ne feroit que leur infpirer un
nouveau zèle, donner aux efpèces
une plus grande activité, & rendre
les emprunts publics & particuliers
beaucoup plus faciles, beaucoup moins
onéreux. En effet, fi la foumiffion à
la contrainte par corps étoit abfolument interdite aux citoyens qui ne
font pas marchands, fi toute lettre
de change qui ne feroit pas tirée pour
fait de commerce étoit déclarée nulle

de plein droit, que feroient alors les capitaliftes & les ufuriers? fe réfou-droient-ils à laiffer leur or dormir dans une perpétuelle inaction? non fans doute; ils n'auroient garde d'abandonner à une telle inertie cet unique reffort de leur exiftence; mais forcés par leur propre intérêt de faire travailler leur argent, & renfermés par la loi dans le cercle d'un commerce permis, ils chercheroient à donner à leurs fonds une circulation d'autant plus prompte, que l'impoffibilité de l'ufure & de tout bénéfice extraordinaire rendroit cette circulation plus indifpenfable pour eux. (a)

(a) Cette feule réflexion devroit fuffire pour décider le gouvernement à prohiber toute efpèce d'agiot; le fiècle des agioteurs fera toujours celui du difcrédit public, de

J'avoue, à la vérité, que dans tous les pays où la ſtipulation de la contrainte par corps ſera autoriſée, les capitaliſtes exigeront des lettres de change, ou qu'ils ne prêteront pas. Je dis plus ; de tous les effets qui leur feront offerts, ils choiſiront conſtamment celui qui préſentera à la fois & la plus grande ſûreté & le plus grand profit poſſible.

Ainſi, ils n'auront garde de ſe contenter d'un ſimple billet, ou du denier cinq (*a*), toutes les fois qu'ils trou-

---

la corruption des mœurs ; mais l'époque de leur proſcription annonce le gouvernement d'un miniſtre honnête & vertueux.

(*a*) Ainſi l'expérience apprend que l'annonce d'un emprunt très-lucratif pour les prêteurs, fait tout-à-coup baiſſer les autres effets ſur la place ; & c'eſt dans de telles circonſtances, que les ſpéculateurs qui ont l'art ou le crédit d'accaparer un grand nombre d'actions de cet emprunt, font un bénéfice immenſe.

veront un emploi ou plus certain
ou plus avantageux.

L'expérience apprend également ,
que dans les provinces où il n'y
a ni caiffe d'efcompte, ni mont-de-
piété, on n'y prête que moyennant
une lettre de change & un très-gros
intérêt, fans doute parce que de nouveaux emprunteurs s'offrent chaque
jour au gré de la cupidité des capitaliftes, parce que la rareté des efpèces
force de foufcrire à toutes les conditions qu'ils impofent, parce que
notre jurifprudence , en permettant
aux citoyens qui ne font pas marchands de faire des lettres de change,
notre jurifprudence devient, fi j'ofe
m'exprimer ainfi, l'aveugle complice
de toutes ces exactions clandefti-
nes (a) ; parce qu'enfin le gouverne-

_____

(a) Voyez la 1ʳᵉ note à la fin de l'ouvrage.

ment, en laiffant fubfifter les routes
nombreufes que les financiers & les
banquiers ne ceffent d'ouvrir pour
arriver à la fortune, leur facilite les
moyens d'accaparer tout l'argent des
provinces & de la capitale, d'en
porter l'intérêt à un taux arbitraire,
& de rendre ainfi tous les citoyens
doublement leurs tributaires.

Mais cette trop longue tolérance
fert plutôt à gêner qu'à faciliter la
circulation, à faire hauffer l'intérêt
de l'argent, qu'à donner en effet aux
efpèces un plus grand cours. Car il
n'y a, dans une province, dans un
royaume, qu'une certaine quantité de
numéraire, & cette fomme ne peut
être ni augmentée, ni diminuée, par
les prétendues affurances que l'on
donne aux prêteurs.

Toutes les garanties, tous les béné-
fices poffibles font donc inutilement
offerts, ces avantages exclufivement
utiles

utiles aux feuls marchands d'argent, feront toujours contraires à l'intérêt du prince & des autres citoyens, qui fe trouvent, ou forcés de faire des emprunts ruineux, ou dans l'impoſſibi-lité de trouver un argent néceſſaire même dans la bourſe des citoyens honnêtes, parce que les capitaliſtes envahiſſent tout le numéraire.

Mais chacun s'empreſſeroit de prêter fon argent moyennant un intérêt & une obligation ordinaire, ſi les fonds ne fe frayoient une autre route par l'iſſue furtive de l'agiot, & cette iſſue feroit impraticable, ſi le gouvernement n'avoit pas quelquefois offert aux prê-teurs des intérêts trop avantageux, ou ſi la contrainte par corps ne tenoit pas lieu de caution & d'hypothèque à tous ceux qui d'ailleurs n'en auroient aucune à offrir.

Je pourrois même foutenir, que le vœu de l'ordonnance eſt que les juges

C

(34)

déclarent fimples billets toutes les
lettres de change qui ne font pas
faites par des marchands ou des banquiers, & qu'ainfi la contrainte par
corps ne devroit jamais être prononcée contre tous ceux qui n'ont ni une
relation certaine, ni une correfpondance établie avec les perfonnes fur
lefquelles ils paroiffent avoir tiré. (a)

En vain on objecteroit qu'il fuffit
aux termes de l'ordonnance, pour la

_____

(a) En effet, comme l'obferve très-bien
M. Jouffe, il faut que ces fortes d'obligations foient faites fans fraude; car les billets,
pour parvenir à la contrainte par corps
contre l'efprit de la loi, font inutiles au
créancier; & s'il paroît que c'eft une voie
indirecte qui ait été prife pour éluder la
difpofition de l'ordonnance, la contrainte
par corps n'a pas lieu. Voyez Jouffe, fur
'ordon nance de 1667, t. 34, art. 4, n. 7.
p. 621.

validité d'une lettre de change, qu'elle
annonce 'une remife de place en
place.....

Autre chofe eft l'obfervation fin-
cère des conditions qu'impofe la loi,
autre chofe eft l'énonciation vague,
que ces conditions ont été remplies.
L'énonciation de leur accompliffe-
ment n'eft qu'une formalité, fans doute
fagement ordonnée, parce qu'il refte
au moins à celui qui a fait une lettre
de change, la reffource d'un défaut de
forme, ou de la preuve de la fimulation de l'acte ; mais la réalité de la
remife de place en place, forme exclufivement le caractère conftitutif du
titre, auquel feul la loi accorde le privilége exorbitant de la contrainte par
corps.

En effet, non - feulement l'ordonnance ne permet point indéfiniment
de prononcer la contrainte par corps
pour toutes fortes de lettres de change ;

C 2

mais j'o à ajouter que l'abrogation de
la voie de l'emprifonnement pour
toute efpèce de dettes civiles, eft fon
but effentiel & primitif.

*Défendons à nos Cours de condamner
aucun de nos fujets par corps en matière civile, finon pour lettres de change,
quand il y aura remife de place en
place.* (a)

Ainfi le légiflateur déclare lui-
même qu'il ne déroge à cette difpofition générale & précife, qu'en faveur
de la fûreté du commerce qui fe fait
d'un lieu dans un autre; on ne doit
donc pas oublier, que cette déroga-
tion eft une exception à la loi, qui
veut que nul ne puiffe être emprifonné
pour dettes civiles. Or, il eft de principe que les exceptions, & fur-tout

(a) Voyez l'ordonn. de 1667.

celles qui prononcent des peines ; ne doivent jamais recevoir aucune extension ; donc l'exception faite en faveur de la lettre de change doit plutôt être reſtreinte dans les termes les plus étroits, qu'étendues au-delà des bornes dans leſquelles la loi l'avoit ſi ſagement circonſcrite ; donc les juges devroient ſcrupuleuſement examiner toutes les lettres de change portées à leur tribunal, & ne prononcer la contrainte par corps qu'en faveur de celles dont les fonds remis dans une ville devoient réellement être payés dans une autre.

Or, il eſt certain, ſinon aux yeux du juge qui s'aſſervit à la lettre de la loi, du moins aux yeux de tout homme inſtruit, que de toutes ces prétendues lettres de change , dont la province & la capitale ſont inondées, il en eſt à peine une ſeule où il n'y ait fauſſeté

& fimulation dans la promeffe de la remife d'une place à une autre ; car perfonne n'ignore , comme l'obferve très-judicieufement M. Pigeau(a), que « malgré les précautions de la loi » pour empêcher que le par - corps » n'ait lieu hors le cas où elle le pro- » nonce , on la fraude tous les jours » en faifant paffer de fimples obliga- » tions fous la forme de lettres de » change , pour donner au créancier » la contrainte par corps , qu'il n'au- » roit pas fans cela. »

» Cette fraude , ajoute cet auteur, » ne fe pratique guère que par ceux » qui font un commerce infâme de » leur argent, lefquels , indépendam- » ment des intérêts confidérables qu'ils » en retirent, obligent ceux qui ont » befoin , & fingulièrement les jeunes

_____

(a) Voyez M. Pigeau, t. 1, p. 407.

» gens à contracter l'engagement fous
» la forme de lettres de change.

   » Les juges doivent être très-atten-
» tifs à réprimer ces détours; c'eſt
» par leur moyen qu'une multitude
» d'uſuriers s'enrichiſſent avec les dé-
» pouilles de ceux qui font dans le,
» beſoin, ou de jeunes gens qui con-
» fomment leur fortune dans la dé-
» bauche. Ce n'eſt pas en puniſſant
» ceux-ci par empriſonnement pour
» dettes qu'on peut les retenir, ils
» feront toujours entraînés par l'atrait
» du plaiſir; c'eſt en tariſſant les reſ-
» fources où ils trouvent de quoi en-
» tretenir leurs déſordres, qu'on par-
» viendroit à les faire ceſſer.

   » Mais il n'eſt pas facile de faire
» reſcinder de pareils engagemens.
» Tout ce que peut faire le débiteur,
» c'eſt d'articuler que le contrat de
» change n'eſt pas véritable, & que
» ce n'eſt qu'un prêt ordinaire, dé-

» guifé fous la forme de lettre de
» change, pour parvenir à avoir la
» contrainte par corps contre lui. »
Et il doit ajouter, qu'il offre de prouver qu'il n'a aucune correfpondance
avec la perfonne fur laquelle on a exigé
qu'il tirât; que s'il avoit eu avec ce
marchand quelque relation d'affaires,
cette relation feroit établie par des
lettres, des regiftres ou des livres de
commerce ; enfin il doit foutenir qu'il
n'y a que les marchands ou les banquiers qui foient dans le cas de faire
de véritables lettres de change, fans
doute parce qu'il n'y a qu'eux qui peuvent donner & recevoir fincèrement
les referiptions, en échange des en-
vois refpectifs qu'ils fe font.

Ainfi, lorfque ces derniers préfen-
tent comme de vraies lettres de change,
celles que le feul befoin a forcé d'accepter, ils devroient, à défaut de
paiement des endoffeurs, être feuls

contraints par corps, parce qu'ils font
uniquement coupables d'avoir négo-
cié, comme un effet de commerce,
une créance qui n'étoit qu'une fimple
obligation, & par conféquent feuls
refponfables d'avoir accrédité par leur
fignature, une efpèce de fauffe monnoie, qui ne devoit fon exiftence qu'à
leur cupidité.

Puiffe donc enfin les lettres de change
être réputées de fimples billets relati-
vement aux tireurs, accepteurs ou
endoffeurs qui ne font pas marchands !
Puiffe la condamnation par corps n'être
tout au plus prononcée que pour les
dettes du commerce !

Oui, puiffe le monarque qui met fa
principale gloire à régner fur une nation libre (a), qui voudroit pouvoir

_____

(a) Voyez le préambule de l'édit du
mois d'août 1779.

abolir dans ſes Etats juſqu'au moindre
ſigne de ſervitude ! puiſſe ce monarque,
en détruiſant l'abus de la contrainte
par corps, briſer enfin une dernière
& trop antique chaîne !

Alors les lettres de change ne feront
plus un véritable écueil où le créancier & le débiteur ſont expoſés à un
même naufrage ; mais elles feront excluſivement un papier marchand, un
papier monnoie uniquement admis &
& reconnu par la double empreinte
de la confiance publique & d'une ſol-
vabilité notoire.

Les magiſtrats ne gémiront plus
d'avoir chaque jour à juger de nouveaux procès relatifs à la validité de
ces lettres de change, procès ſi multipliés de nos jours, ſi féconds pour
les procureurs, ſi ruineux pour leurs
cliens.

Les priſons ne feront plus remplies
que de coupables ou de perturbateurs

du repos public, & il ne fera pas néceffaire d'en conftruire de nouvelles
pour des citoyens, qui n'ont fouvent
à fe reprocher qu'un excès de facilité.

L'argent n'aura plus cette dange-
reufe circulation dans les mains de
tous ces jeunes gens qui en font un fi
rapide ufage, jeunes gens néanmoins
dont la famille, les talens quelquefois,
les malheurs même fembleroient
devoir provoquer la follicitude des
loix. (a)

Nous verrons enfin difparoître tous
ces repaires d'ufures, ces maifons de
rapine, ces dépôts publics de ruine &
de proftitution, afyles obfcurs où fe
cache, ou fe féconde, où fe perpétue
le germe de tous les crimes, efpèce de

_____

(a) *Æquum eft profpicere etiam eis qui
quod ad bona ipforum pertinet furiofum faciunt
exitum.*

rivage dont les habitans, véritables pirates, ne font revêtus que des dépouilles du malheureux jeté fur leurs bords.

Que deviendront, dira-t-on, tous ces êtres déjà flétris par la débauche, & qui feroient bientôt affamés par l'inertie de leurs funeftes talens.... Ils renonceront à une profeffion honteufe, ils iront dans la province reprendre leurs travaux & leur état primitif; leurs enfans donneront des laboureurs aux campagnes, des ouvriers aux manufactures, des foldats à nos armées, des matelots à nos flottes. Ainfi la fageffe de la loi aura forcé de contribuer à la félicité publique ceux qui en auroient empoifonné les fources.

De la contrainte par corps prononcée
*par un arrêt d'*iterato.

LA lettre de change n'eft pas le feul fléau qui menace la liberté du citoyen.

J'ai dit que ce dernier pouvoit encore être conſtitué priſonnier en vertu d'un arrêt d'*iterato ;* cet arrêt ſe rend contre la partie qui eſt en demeure de payer les dépens, lorſque ces dépens ſont taxés à 200 livres.

Sans doute qu'au temps des premiers arrêts d'*iterato*, temps où l'ambition d'une fortune rapide, la néceſſité d'un luxe dévorant, n'avoient pas encore introduit ces procédures multipliées, tous ces droits ſans nombre & ſans fin, époque où 200 livres valoient réellement plus de 100 piſtoles monnoie de ce jour, ſans doute il étoit rare qu'un exécutoire fût de 200 livres, & cette condition de 200 livres de frais, alors exigée pour pouvoir obtenir la contrainte par corps, cette condition tempéroit au moins ce que la loi pouvoit avoir de trop rigoureux ; ainſi l'événement très-rare de la contrainte par corps, décernée pour des frais au

civil, ne menaçoit que le plaideur obf-
tiné, qui par des chicanes multipliées
n'avoit cherché qu'à embarraffer la
marche de la juftice, ou qu'à fur-
prendre fa religion ; mais un exécutoire
qui ne monteroit aujourd'hui qu'à 200 l.
feroit un phénomène au palais, il femble
donc qu'on ne devroit condamner par
corps que la partie, dont les prétentions
odieufes auroient éprouvé la réproba-
tion générale. Cette contrainte feroit
alors bien rarement prononcée.

Quelle eft en effet la caufe gagnée
ou perdue d'une voix unanime ? quel
eft le procès dont la décifion né vogue
pas au gré de l'inftabilité des opinions
humaines ? combien de prétentions
légitimes, qui ont échoué contre la
force du pouvoir ou le manége de l'in-
trigue? combien d'infortunés qui ont
été, & qui feront encore les triftes
victimes de la négligence, de l'impé-
ritie ou de la mauvaife foi ?

C'eſt une belle affaire, dit-on au palais; c'eſt une queſtion de droit; c'eſt-à-dire, que ſur la déciſion de ce procès, les loix ſont obſcures, les juriſconſultes diviſés, les arrêts contradiĉtoires; c'eſt-à-dire que les procureurs feront des *in-folio de procédures*(a), les avocats des *volumes d'avertiſſemens, de griefs & de mémoires*, & les ſecrétaires des extraits, qu'il faudra reſpectivement payer, & payer au cher denier.

Le rapporteur le plus honnête ſera donc obligé de conſommer pluſieurs vacations, moins pour juger l'affaire que pour la faire ſortir d'un chaos de papier marqué, ſous lequel elle eſt enſevelie. Ainſi, au milieu d'un conflit de juriſprudence & d'autorités, les juges flotteront incertains; car je n'ai garde de croire qu'ils penſeront comme

_____

(a) Voyez la note (2) à la fin de l'ouvrage.

ce jeune confeiller, qui difoit à **Le Bre-**
tonnier ... *C'eft l'avis de Papinien , ce*
n'eft pas le mien. Je fuppofe encore
moins que le crédit ou d'autres circonftances puiffent influer fur les fuffrages ; je me perfuade que l'affaire
dont je parle aura pour juges des
Catons, des Ariftides ; mais il peut
arriver, & il arrive tous les jours, que
les magiftrats les plus éclairés n'ont
pas la même opinion ; les avis font
partagés , l'affaire eft renvoyée à une
autre chambre , où l'un des deux athlè-
tes fuccombe enfin , & quelquefois à
la pluralité *d'une feule voix.* (a)

(a) J'ai connu une affaire où malgré la
pluralité de cinquante voix contre dix,
celui qui n'en avoit que dix l'auroit gagné,
s'il eût eu un feul fuffrage de plus : le
procès en première inftance avoit été jugé
tout d'une voix ; fur l'appel les opinions
furent partagées , & dans la chambre où

Hélas !

Hélas! celui qui, après avoir dé-
pensé une partie de son bien à sou-
tenir un procès, est condamné à se
désister d'un patrimoine que jusqu'à ce
jour il avoit regardé comme le sien,
n'est-il pas assez malheureux? faut-il
encore que, s'il est dans l'impuissance
de payer des frais odieux, il soit réduit
à la dure extrémité ou de s'expatrier,
ou de perdre sa liberté.

S'il m'étoit permis d'exprimer &
mes vœux & ceux des ames honnêtes,
j'oserois dire... sans doute cette mal-
heureuse terre est telle, qu'un être n'y

---

l'affaire fut renvoyée, les avis furent unanimes
en faveur de la sentence des premiers
juges... Quelle preuve enfin plus frappante
de l'instabilité des opinions & de l'incer-
titude du jugement des hommes, que la
contradiction si singulière des sentences ou
arrêts rendus dans les affaires si fameuses
& du commis du sieur Marot & des accusés
de Chaumont, & de la fille Salmon.

D.

peut croître qu'au moyen de la déstruc-
tion d'un autre être ; mais pourquoi au
palais réduit·on en pratique cette vérité qui ne devroit être connue qu'en
phyſique ? pourquoi le temple de la
juſtice eſt-il un redoutable labyrinthe,
& pourquoi y eſt-on ſi ſouvent égaré
par ſes propres conducteurs ?

Pourquoi tous ces degrés de juriſ-
diction ? pourquoi ces juges amovibles
au gré des ſeigneurs ? pourquoi ce
nombre infini de praticiens qui ne
peuvent exiſter qu'en provoquant des
déſaſtres ? quel eſt l'homme qui aura
le courage d'oppoſer une digue à
toutes leurs déprédations ?

Cette digue, ſi facile à former, ſeroit
celle d'un code uniforme & perma-
nent (a), dont les ſtatuts ſimples, clairs
& précis ſeroit enfin ſubſtitués à cette
bizarre multiplicité de loix, de cou-

_____

(a) Voyez la note 3 à la fin de l'ouvrage.

tumes & de jurifprudences; fi fouvent
contraires les unes aux autres.

Alors on pourroit, avec raifon, demander un arrêt d'*iterato* contre celui
qui , déjà jugé par le texte certain de la
loi , feroit fans doute condamné d'une
voix unanime.

Mais telle eft la contradiction qui fe
trouve entre les ftatuts , les jurif-
confultes qu'il fe préfente chaque
jour des affaires dans lefquelles des
avocats également éclairés, également
honnêtes, donnent (*a*) aux deux parties
le confeil de plaider l'une contre
l'autre.

Il eft impoffible, diroit quelque bon
ifraélite , qu'un procès foit tellement
difficile, qu'un avocat confommé n'ap-
perçoive pas une raifon certaine de

_____

(*a*) Voyez la note 4 à la fin de l'ouvrage.

D 2

décider ; raifon, ajouteroit-il ; qu'il n'échappera pas aux regards pénétrans du juge.

· Je pourrois fans doute répondre avec M. le cardinal de Richelieu, que les juges ont des lumières que les autres hommes n'ont pas ; je pourrois ajouter que, forcés de réfoudre des nœuds inextricables, ils les coupent plus fouvent qu'ils ne les dénouent ; mais fi quelqu'un me fait férieufement cette objection, je le prie de lire les problêmes judiciaires que j'ai cités dans une de mes notes, & je le fupplierai de m'en donner une folution démon-trée, je veux dire de me prouver que fon avis eft adopté par l'unanimité des auteurs, & le feroit certainement par la pluralité des juges.

De la contrainte par corps à raison du défaut de paiement des mois de nourrice.

DE toutes les loix pénales (a) il n'en est peut-être pas de plus contraire à une saine politique, & aux bonnes mœurs, que celle qui permet d'emprisonner le père en demeure de payer les mois de nourrice de ses enfans.

Mais, dira-t-on, si la mère qui, pour nourrir un étranger, sèvre quelquefois son propre enfant d'une mamelle nécessaire, si cette mère peut être expo-

---

(a) Lorsqu'on réflechit à la sévérité des loix dans de certains pays, on seroit tenté de croire que les hommes ne s'occupent qu'à augmenter la somme de leurs maux, &, pour nous servir des expressions d'un ancien poëte, qu'à multiplier les routes de l'infortune.

Et vitæ miseras auximus arte vias. PROPERCE.

D 3

fée à voir des travaux auffi pénibles, pes facrifices auffi chers devenir in-fructueux, quelle eft celle qui voudra être nourrice ?

Mais fi l'homme indigent ne peut, élever fes enfans, qu'en s'expofant au danger de perdre fa liberté, quel eft celui qui voudra être père, fur-tout d'une nombreufe famille ?

Hélas l un luxe ennemi n'a que trop inftruit les riches & les grands dans l'art de fe jouer des devoirs facrés du mariage, faut-il encore que la rigueur de notre légiflation invite le plébéien à ne fe livrer au doux plaifir de l'hy-men qu'avec de criminelles précau-tions ? faut-il que la crainte d'une détention rigoureufe le force, pour ainfi dire, ou à profaner fa couche par une incontinence deftructrice, ou à immoler enfin dans un hôpital fes en-fans à fa propre fûreté ?

Malheur à l'Etat dont les citoyens

ne voient dans l'accroiſſement de leur
famille, qu'une augmentation de char-
ges, ſous le poids deſquelles ils crai-
gnent à chaque inſtant de tomber
accablés. Une dépopulation rapide
eſt bientôt un préſage certain de ſa
prompte décadence.

Ainſi, lorſque des vexations & des
cruautés multipliées eurent forcé les
habitans du Mexique de regarder la
vie comme un joug inſupportable, &
la mort comme un véritable bienfait,
tous ces infortunés réunis par une même
chaîne de maux, formèrent la conſpira-
tion inouie de l'anéantiſſement de leur
eſpèce ; *& la terre ſi long-temps humec-*
tée du ſang des pères, ſut enfin ſouillée
du germe des enfans.

On ſacrifie donc les intérêts les plus
chers de l'Etat, lorſque ſous le vain prétexte de procurer à des nourrices une
prétendue ſûreté, on expoſe la patrie
au péril réel de voir chaque jour dimi-

D 4

nuer le nombre de fes défenfeurs ou
de fes cultivateurs, péril dont l'expérience ne démontre que trop la vérité-

En effet, fixons nos regards fur la
fociété, qui pourra compter le nombre des célibataires ou des femmes
ftériles . . . ? Defcendons dans les hô-
pitaux ; quelle multitude d'enfans
trouvés !

Comment leurs pères ont-ils pu fe
réfoudre à les expofer ainfi au double
écueil d'une mort ou d'une vie également affreufe. J'avouerai qu'on doit
fur-tout imputer cette abandon dénaturé à l'indigence extrême d'une partie
du peuple, fuite inévitable de l'opulence exceffive de cette quantité de
parvenus, de traitans & d'ufuriers;
mais cette indigence ne fuffiroit peut-
être pas feule pour déterminer ce grand
nombre de citoyens à abdiquèr le titre
fi cher de père, s'ils n'y étoient en-
gagés par la crainte de fe voir dans.

les prifons en butte à la plus exceffive misère, & à l'infamie inféparable d'une pauvreté notoire.

Seroit-il donc fi difficile d'établir des affociations de frères, ou de fœurs de la charité, uniquement chargés du foin des orphelins, c'eft-à-dire, de fuppléer au défaut, ou à l'indigence des pères ; mais quel revenu leur affigner ? ces détails font étrangers au plan de cet ouvrage, & je ne puis que renvoyer le lecteur aux réflexions que j'ai faites fur les moyens de faire ceffer le triple fléau de la misère publique, de fa mendicité & de la mortalité dans les Hôtels-Dieu (a).

(a) Cet ouvrage eft fous preffe, & a pour titre: *Véritable deftination des religieux & de leurs revenus.*

De la contrainte par corps pour stellionat, dommages-intérêts, frais de gésine.

Il est encore plusieurs autres créances pour lesquelles on décerne la contrainte par corps. Telles sont celles qui proviennent de dommages-intérêts, du stellionat, ou des frais de gésine. Ces différentes causes ont justement provoqué toute l'attention des législateurs. Mais il seroit à souhaiter que leur sévérité eût été tempérée par certains égards pour ceux qui ont un domicile certain, un état reconnu.

Sans doute que la justice ne doit avoir qu'un seul & même poids ; mais telle est l'inégalité des conditions, que les hommes ne pèsent pas également dans cette balance, si souvent & quelquefois si inutilement réclamée, surtout par le malheureux. Les possessions, la naissance & les dignités ne font pas toujours, à la vérité, les preuves de la folvabilité ou de l'inno-cence des citoyens; mais ces titres devroient au moins fuffire pour fervir de caution, non feulement à la récla-mation des particuliers; mais même à la vindiĉte publique (a); en un mot,

---

(a) J'efpère démontrer cette affertion dans un mémoire pour un curé accufé de complicité d'avortement; certainement ce pafteur, homme de qualité, eft très-innocent, & l'information faite contre lui n'eft qu'un tiffu de nullités & de vexations; mais cette information fût-elle probante, je foutiens qu'un magiftrat, qu'un eccléfiaftique conf-titué en dignité, qu'un gentilhomme décoré d'un grade militaire devroit être libre juf-qu'au jour du jugement. La perte de l'hon-neur, ou des biens, ou de l'état, n'étoit-elle pas une plus grande peine pour Coriolan, pour Cicéron, que celle de la vie pour un efclave; & fans doute que la meilleure conftitution poffible d'un empire feroit celle

pour nous fervir d'une expreffion juftement confacrée, quoique *le pair &
fon palfrenier aient un droit égal à la
juftice*, les différens ordres de la fociété doivent former une différence
dans la manière de rendre cette juftice.

Ainfi l'ordonnance de 1770 veut que
les décrets foient décernés fuivant la
qualité des crimes, des preuves & des
perfonnes: ainfi, telle punition qui

----

où l'exiftence civile feroit, pour ainfi dire,
inféparable de l'exiftence phyfique. A Rome
Spurius Caffius & Spurius Oppius furent libres
jufqu'à l'inftant de la prononciation de
l'arrêt qui les condamnoit à mort. Je ne
connois dans les beaux jours de cette
république que deux exemples d'un emprifonnement qui aient précédé le jugement
définitif, ceux du décemvir Appius & des
complices de Catilina ; mais, malgré la noto-
riété des crimes de ces patriciens, ces actes
d'autorité furent généralement improuvés,
& Cicéron fut juftement condamné.

feroit trop févère ou infamante pour le
patricien, eft fouvent trop douce, ou
inutilement infligée au plébéien. Ainfi
dans tous les états, l'étranger & le
domeftique font arrêtés fur de fimples
foupçons, tandis que la liberté de l'ha-
bitant eft refpectée.

Mais qu'importe, dira-t-on, cette
condamnation par corps ou par les
voies de droit, puifqu'elle ne peut frap-
per que des coupables ou de mauvais
débiteurs ? qu'importe ! mais il eft des
circonftances qui accufent quelquefois
l'homme le plus innocent. Il eft des
momens critiques où un père de famille
d'ailleurs très-folvable, peut manquer
de fonds. Quelles réparations pourront
le dédommager des malheurs infépa-
rables de l'éclat d'un emprifonnement ?
& quand même un citoyen pourroit
échapper aux pourfuites qui l'invef-
tiffent, quel tort ne fera point à fes
affaires la fuite ou la retraite à

laquelle il eſt obligé de ſe con‑
damner ?

J'avouerai cependant que ſi nos loix
ne ſéviſſoient que dans le cas de cer‑
tains attentats, ou d'un véritable ſtel‑
lionat (*a*), leur rigueur trouveroit

(*a*) Tout remède violent eſt preſque
inutile, lorſqu'une fois la contagion du luxe
affranchit la digue des bonnes mœurs: con‑
ſultons les faſtes des empires, & nous verrons
que ces loix ſi cruelles de Dracon, ces
édits chaque jour plus ſévères des empe‑
reurs romains & des tyrans de l'Aſie, toutes
ces légiſlations ſanguinaires n'ont empêché
ni un ſeul vol, ni un ſeul aſſaſſinat : mais
Licurgue & Mahomet, en s'occupant non
à punir, mais à prévenir les crimes, non
à faire dreſſer des échaffauds, mais à donner
des exemples & des préceptes de vertu,
Licurgue & Mahomet, dis-je, firent de
leurs concitoyens auparavant lâches, indociles
& dépravés, des ſujets ſoumis & laborieux,

un motif dans la néceffité de l'exemple,
ou dans l'obligation de mettre un
frein, foit à la violence d'un audacieux,
foit à la mauvaife foide ceux qui
fciemment vendroient la chofe qui ne
leur appartient pas,

Mais je ne craindrai pas de dire que
ces voies extraordinaires doivent être
employées avec la plus grande réferve
& qu'elles ne devroient jamais avoir
lieu , que lorfque l'unanimité des fuffrages convaincroient l'accufé d'un
ftellionat ou d'une fraude manifefte,

Car tout ftatut qui inflige une
peine eft une efpèce d'arme meurtrière dont l'ufage devroit être très-
rare, permis au feul magiftrat (a) ,

---

des foldats intrépides, des hommes, en un
mot, qui ont été & qui, felon les apparences,
feront long-temps feuls de leur efpèce.

(a) Un magiftrat refpectable me té-
moignoit un jour fa furprife de ce qu'un

& interdit à tout autre particulier ;
nous ne cefferons donc de réclamer
contre les loix qui, fans une néceffité
abfolue, donnent aux citoyens le droit
refpectif de fe vendre, de s'acheter,
de fe ravir patrimoine, honneur &
liberté; contre celles, en un mot,
qui, fous prétexte d'une injure fouvent légère ou d'un prétendu ftellionat,
prononcent la contrainte par corps.
Je dis fous prétexte d'un prétendu
ftellionat, car cette contrainte ne

---

lieutenant criminel pouvoit feul & en fon
hôtel décréter de prife de corps un domi-
cilié. Une chofe plus étonnante, à mon avis,
c'eft que ce lieutenant criminel puiffe également décerner ce décret de prife de corps,
quoique le miniftère public n'ait requis qu'un
décret de foit ouï; il femble qu'il en devroit
être référé à la chambre, lorfqu'il y a contrariété d'avis entre deux magiftrats que
la loi préfume également éclairés.

fert

ſert ordinairement qu'à favoriſer un
uſurier qui a l'art de préſenter à la
juſtice comme ſtellionataire celui qui
dans le fait n'eſt que ſon débiteur. (*a*)

En effet, la lettre de change eſt
un titre impérieux auquel nos ordon-
nances ont à la vérité accordé la pré-
rogative de la contrainte par corps,
mais ce titre ne donne d'ailleurs aucune
hypothèque que du jour de la ſentence.
Les obligations notariées procurent
à la vérité cette hypothèque dès
l'inſtant même où elles ſont paſſées,
mais elles ne peuvent en aucun cas
faire prononcer la contrainte par corps
dont la ſtipulation même ſeroit nulle
de plein droit.

––––––––––

(*a*) Cette fraude ſi commune eſt d'autant
plus difficile à réprimer, que la preuve en
eſt preſque toujours impoſſible.

E

Cependant la plupart des créanciers
voudroient réunir & la contrainte
par corps en cas d'infuffifance des
biens, & l'hypothèque pour avoir la
préférence fur ces mêmes biens, en
cas d'abfence ou de fauf-conduit. Comment donner à un même titre, deux
droits qui proviénnent de deux fources
effentiellement différentes ? l'ufurier
exercé trouve dans la peine décernée
contre le ftellionataire un moyen sûr
de franchir cette efpèce d'incompa-
tibilité. En effet, un praticien, un
agioteur, quoique très - inftruit que
celui qui fe propofe d'emprunter a
déjà grevé fes biens de plufieurs
hypothèques, exige une obligation
qui renferme une affertion précife,
que les mêmes biens qu'on affecte à
la sûreté de fa créance font abfolument libres, & foit que ce créancier
ne rougiffe pas d'expliquer lui-même
fa coupable intention, foit qu'il faffe

inſinuer que l'aveu de la moindre dette
feroit perdre toute eſpèce de crédit
& rendroit impraticable le ſuccès
de l'emprunt, ce créancier ne prête
que ſous la condition que le débiteur déclarera ſes biens francs &
quittes, c'eſt-à-dire, qu'il ſe conſti-
tuera réellement ſtellionataire.

Ce débiteur, dira un juge ſévère,
eſt coupable d'avoir fait une fauſſe
déclaration ; ſans doute, mais les
créanciers qui ont extorqué cette
déclaration ſont bien plus coupables
que lui, car ce dernier n'a fait que
conſentir au dol pratiqué par ceux
qui lui dictoient la loi ; d'ailleurs,
pourquoi cette faute commiſe dans
un inſtant de paſſion ou de néceſſité,
feroit-elle moins digne d'indulgence
que celle de la femme (a) commune

(a) La déclaration de 1685 ne permet

E 2

en biens qui fait un ftellionat; que
celle du mineur, du bourgeois ou
du gentilhomme qui fe difent majeurs
ou négocians? & certes, s'il étoit
permis de pourfuivre comme ftellionataires toutes les femmes qui le
feroient en effet, ou comme coupables
de faux, tous les mineurs ou gentilshommes qui, pour trouver de l'argent,
contracteroient comme s'ils étoient
majeurs ou négocians, les tribunaux
ne retentiroient que de procès criminels faits pour de pareilles décla-
rations.

Car une réflexion que j'ai déjà
faite, mais qu'on ne fauroit trop
approfondir, c'eft que les malheurs
& les crimes fe multiplient fouvent

———————————————

de pourfuivre la femme pour ftellionat
qu'autant qu'elle feroit veuve ou dame &
maîtreffe de fes biens adventifs.

par les loix (a) mêmes qui semblent les prohiber.

En effet, ne prononçons pas la contrainte par corps contre ceux qui font une fausse déclaration de

---

(a) *Je n'ai connu le péché que par la loi*, disoit saint Paul, *car je n'aurois pas connu la concupiscence, si la loi n'avoit pas dit:...* Vous ne formerez pas de mauvais désirs. Epître aux Romains, ch. 7. Cette réflexion très-profonde mériteroit toute l'attention d'un légiflateur. Je me permettrai d'observer qu'en Angleterre il n'y a pas de rapt de féduction, parce que la loi ne dit pas :... *Vous n'épouferez pas la fille nubile qui vous aime...* Et bientôt en France les miniftres prédicans ne feront plus criminels, parce que la loi ne dira plus... *Sous peine de mort vous n'irez pas au défert...* Combien d'autres exemples dans lefquels le crime naît, pour ainfi dire, de la févérité de la loi, fur-tout dans la partie de l'ufage ou du tranfport des chofes défendues.

E 3

leurs biens , & il y aura à peine des
ftellionataires (*a*) ... N'immolons pas
fur une roue déchirante le voleur qui ,
en refpeĉtant nos jours, expofe les fiéns,
& l'affaffinat deviendra un forfait prefque inoui (*b*)...Ne confondons point

---

(*a*) Soit parce qu'un créancier n'aura
plus d'intérêt à forcer fon débiteur de faire
une fauffe déclaration, foit parce que les
capitaliftes certains qu'ils n'ont d'autre
reffource que dans la folvabilité de ceux
qui reçoivent leurs fonds, prendront avant
de prêter ou d'acheter toutes les précautions
poffibles.

(*b*) Le nommé... ayant mis le piftolet fur
la gorge de M. N... lui vola fa montre. . . .
Dix ans après il fut arrêté & confronté avec
ce monfieur, qui le reconnut... Le voleur
lui dit : *J'étois maître de votre vie , & je
l'ai refpeêtée ; vous êtes maître de la mienne ,
& vous me l'arrachez*. . . . . Cette répartie
paroîtroit moins frappante, fi ce voleur
n'eût pas dû être condamné à la roue.

fur un même échafaud l'amant impru-
dent avec l'audacieux fcélérat, qui, les
armes à la main, affouvit fa brutale
paffion fur la fille qu'il viole, & des
mariages heureux fuccèderont fouvent
à de prétendus rapts de féduction...
Ne prononçons plus enfin la contrainte
par corps pour dettes civiles, & on ne
fera pas obligé de conftruire de nouvelles prifons.

De la contrainte par corps pour arrérages de baux à fermes.

Je n'aurois rempli qu'imparfaite-
ment le but que je me fuis propofé,
fi j'oubliois la contrainte par corps
que l'ordonnance (a) permet de fe
réferver contre le fermier des héritages fitués à la campagne.

(a) Voyez l'ordonnance de 1667, t. 24,
art. 7.

Je n'entends pas parler des fermiers
généraux des grandes terres : lorfque
ces derniers ont été exactement payés
par leurs fous-fermiers, ils deviennent
comptables, & ils pourroient, dans de
certains cas , être regardés comme
des rétentionnaires criminels ou des
banqueroutiers frauduleux.

Je porte mes regards fur un ordre
de citoyens plus chers à la patrie, fur
le fermier agricole, fur le cultivateur
qui, accablé fous le triple fardeau
des cens, des impôts, des corvées, fe
nourrit des alimens les plus groffiers,
brave la rigueur des frimats, fupporte
le poids du jour : hélas ! pour prix
de fes travaux & de fon induftrie
faut-il qu'il foit encore expofé à
perdre fa liberté ?

Quel eft fon crime ? une mauvaife
récolte a pu tromper fes efpérances,
une tempête imprévue ravager fes
moiffons, une guerre inopinée arrêter

la circulation, faire baisser le prix
des denrées, ou peut-être ce fermier
s'est-il fait illusion sur la quantité, la
qualité, le produit des terres ; ainsi,
il se trouve dans l'impossibilité de
remplir ses engagemens, & alors la
réserve de la contrainte par corps
ne produit pas seulement un empri-
sonnement honteux, ou la fuite d'un
jeune homme qui va chercher une
retraite dans les îles, elle opère
irrévocablement la ruine totale d'une
famille.

Car un seigneur, fût-il aussi inflexible
que l'étoit Appius vis-à-vis des débiteurs insolvables, il ne sera pas assez
dupe pour retenir inutilement dans
les fers un malheureux & le nourrir
à ses dépens.

Mais il reste à la femme une dot,
un douaire, que nos coutumes sages
& prévoyantes ont rendu inaliénables,
& que nos loix, si souvent contraires

à elles-mêmes, permettent de vendre
& d'aliéner pour racheter un mari
de prison.

Ainfi, au moyen de l'emprifonnement fouvent collufoire du mari, de
l'obligation prefque toujours forcée
de fon époufe, la dot, le douaire,
ces dernières reffources d'une mère
& de fes enfans, ces véritables planches
après le naufrage, leur font encore
ravies & bientôt confumées par les
frais de la juftice ou les créances
d'un propriétaire.

*Mais fans la falutaire violence de
la contrainte par corps, le prix du
bail ne feroit pas acquitté:* je l'avoue ;
mais une maifon ne feroit pas dé-
vaftée, une famille entière ne feroit
pas difperfée.

Ofons mettre dans une balance
ces intérêts refpectifs, oppofons
à celui qui pour être payé voudroit
tout envahir & tromper même le

vœu de la loi (*a*); oppofons à fa réclamation la défolation d'une famille que la détention du père commun, la vente du bien dotal, réduifent au brigandage ou à la mendicité.

O vous qui dans l'aurore de votre règne n'avez fait briller tout l'éclat de votre puiffance que pour donner à la nation des jours plus fereins, vous dont le gouvernement fi cher à vos peuples a forcé à l'admiration la jaloufie inquiète de nos rivaux, vous enfin qui préférerez au triomphe deftructeur des conquêtes, la gloire

---

(*a*) En effet, permettre au mari d'engager fa liberté & à la femme de vendre fa dot pour retirer fon mari de prifon, c'eft autorifer indirectement la femme à vendre cette même dot pour payer les dettes de fon mari. Cependant cette vente femble très-contraire au vœu de la loi, fur-tout lorfqu'une femme n'a pas d'autre bien.

paisible des loix qui affurent la félicité publique, illuftre rejetton d'Henri IV, j'ofe préfenter aux pieds de votre trône ces deux différentes claffes de vos fujets.

Ici vous appercevrez des créanciers qui exigent impérieufement d'un fermier l'entier paiement de quelques arrérages, tous de concert follicitent le droit meurtrier de lui enlever biens & liberté, le droit plus funefte encore de le contraindre à vendre la chofe qui ne lui appartient pas.

Mais voyez dans cette campagne cette portion fi utile de citoyens laborieux, voyez ce trifte cultivateur menacé de la prifon & de l'indigence, cette femme éplorée, ces enfans pâles & tremblans; cette troupe fuppliante réclame l'inaliénabilité de deux poffeffions également néceffaires à fa frugale fubfiftance, la liberté d'un père, la dot d'une mère.

'Ah, fans doute votre cœur fenfible
ne pourroit réfifter à ce fpectacle dé-
chirant, & votre juftice prononceroit
au même inftant la loi qu'a infpiré
autrefois à l'aïeul de votre augufte
époufe la tendre affection qu'il avoit
pour fes peuples.

« Défendons à tous nos fujets de
» s'obliger par corps les uns envers
» les autres par aucun contrat, con·
» vention ou condamnation volon-
» taire, à peine de nullité, &c. &c. » (a)

_____

(a) Voyez l'ordonnance du duc Léopold,
de 1607, t. 20, art. 2.

NOTES.

(1) JE connois des personnes qui affectent de dire qu'ils ne font valoir leur argent qu'à six pour cent, tandis que dans le fait ils le placent au denier douze & quinze.

Je prie Ephraïm de me prêter mille écus... Volontiers, me répond-il, je n'exige d'autre intérêt que le taux du commerce, six pour cent; mais, ajoute-t-il, comme je suis comptable, je ne puis prêter que moyennant une lettre de change payable dans trois mois chez un banquier à Paris.... Ce délai, lui dis-je, est trop court, je ne pourrois vous rembourser que dans un an... Ah, mon ami, me dit-il, en me serrant la main, je ne vous laisserai jamais dans l'embarras, & dans le temps nous trouverons de nouveaux fonds. J'en crois à cette assurance & je fais ma lettre de change à l'honnête Ephraïm.

Cependant la lettre de change est sur le point d'écheoir. Je vais trouver mon créancier; il m'apperçoit à peine, qu'il me de-

mande fi j'ai fait paffer des fonds à Paris,
Je vous avois, lui réponds-je, prévenu que
je comptois fur le délai d'un an... Ephraïm
feint d'être étonné ; & d'un air rêveur il
me dit : Vous ne vous étiez pas expliqué
fi précifément, néanmoins, je ferai l'impoffible pour vous obliger ; cela vous coûtera
quelques petits frais que je voudrois pouvoir vous éviter, mais ce font des débourfés.
Il me préfente en même temps l'état de
ces prétendus débourfés... Intérêt à écheoir
pour les trois mois fuivans... Frais de la
lettre de change qu'il faut, dit-il, prendre
pour faire payer la première déjà envoyée
& proteftée à Paris... Frais des protêt &
dénonciation de protêt... Port de lettres...
Provifion du banquier... Je vois avec éton-
nement ce fingulier bordereau qui, pour
l'intérêt de mille écus pendant trois mois,
monte à près de 100 livres. Même fable,
même jeu, même dénouement à toutes les
échéances. Ainfi mille écus rapportent à
l'obligeant Ephraïm près de 400 livres
par an, fans parler des petits foins, des
attentions, des cadeaux qu'il exige, finon
Ephraïm eft défefpéré, mais au terme mar-

qué il vous prévient honnêtement qu'il a
befoin de fes fonds.

(2) « Lorfque par le fréquent ufage des
» appels, les parties furent fans ceffe tranf-
» portées du lieu de leur féjour à un autre,
» quand l'art nouveau de la procédure mul-
» tiplia & éternifa les procès; lorfque la
» fcience d'éluder les demandes les plus
» juftes fe fut raffinée, quand un plaideur
» s'enfuit uniquement pour fe faire fuivre,
» lorfque les raifons fe perdirent dans des
» volumes de paroles & d'écrits, lorfque
» tout fut plein de fuppôts de juftice qui
» ne devoient point rendre la juftice, que
» la mauvaife foi trouva des confeils là où
» elle ne trouva pas des appuis, il fallut
» bien arrêter les plaideurs par la crainte
» des dépens. » *Voyez l'Efprit des Loix*,
l. 28, c. 35... Sans doute cette crainte prévient
plus d'un procès; mais c'eft parce que le
citoyen épouvanté aime encore mieux abandonner la moitié de fa fortune, que de s'expofer à la perdre toute entière dans l'antre
de la chicane. Il feroit temps qu'une bonne
légiflation fît ceffer ces abus qui font enfin
trop multipliés.

(3) J'ai

(3) J'ai dit qu'il étoit plusieurs questions
de droit sur lesquelles deux avocats également
ment éclairés, également intègres, pouvoient
donner aux parties le conseil de plaider l'une
contre l'autre ; pour le prouver, je propose
les deux questions suivantes : me trompe-
rois-je en assurant qu'il est impossible d'en
donner une solution démontrée ?

Première Question.

Cornon (a) se régit moitié par la coutume
d'Auvergne , moitié par le droit écrit (b). En
pays de coutume , le chef-cens se prescrit
par trente ans , & les arrérages ne peuvent
être exigés que pour trois ans ; mais en pays de
droit écrit , le chef-cens est imprescriptible &
les arrérages sont exigibles pendant trente ans ,

(a) C'est de Cornon , & non de Clermont, que
la famille Pascal est originaire ; le dernier rejeton de
cette famille est mort à Cornon il y a environ une
vingtaine d'années ; il a laissé pour héritier M. d'Al-
biat , dont les auteurs avoient épousé une Pascal.

(b) Ainsi il résulte de ce statut mixte, qu'une
succession échue à Cornon se partage , moitié suivant
les loix du droit écrit , moitié suivant celles de la
coutume d'Auvergne.

F

Le Chapitre cathédral de Clermont eſt
ſeigneur de Cornon ; il fit, il y a quelques
années, renouveller ſon terrier, & réclama
des cens qui n'avoient point été payés depuis
un temps immémorial. Quel conſeil devoit
donner un juriſconſulte au payſan aſſigné,
pour reconnoître le cens & payer trente
ans d'arrérages ?

Devoit - il regarder la moitié du cens
comme preſcriptible aux termes de la coutume, & l'autre moitié comme impreſcrip-
tible, ſuivant la juriſprudence admiſe en
pays de droit écrit ? Devoit-il au contraire
ſoumettre le cens à la loi la plus favorable,
la libération ? ou plutôt devoit-il régler ſon
opinion ſur la juriſprudence moderne, qui
ſemble décider en faveur de l'impreſcrip-
tibilité du cens ? J'ignore quel ſeroit l'avis du
plus grand nombre des juriſconſultes; pour
moi, je ne vois, dans la contrariété des ſtatuts
& des arrêts rendus ſur cette matière, qu'une
choſe certaine : c'eſt que le laboureur qui
auroit voulu laiſſer à ſes enfans ſon héritage
en franc-aleu, tel qu'il l'avoit reçu de ſes
pères, ſe feroit expoſé à perdre ſes biens
& ſa liberté.

Les experts féodiftes font fi convaincus de la terreur qu'infpire aux habitans de la campagne la crainte d'un procès ruineux, qu'ils s'engagent volontiers avec les feigneurs à parfaire leur terrier, & en effet, perfonne n'ignore que la plupart des emphitéotes n'ofent prefque jamais refufer de faire de nouvelles reconnoiffances, & ce qui eft bien plus odieux, on les force de confentir de nouvelles obligations pour de prétendus arrérages.

Seconde Queftion.

Lentulus, qui demeure en pays de droit écrit, époufe Mœvia, mineure, & domiciliée dans une coutume où la dot eft inaliénable, & la règle *paterna, paternis, materna, maternis*, inviolablement fuivio, c'eft - à - dire que les immeubles maternels retournent à l'eftoch dont ils font provenus. Mœvia s'eft conftituée en dot tous les biens à elle échus par la fucceffion de fes père & mère, & ces biens confiftent en bâtimens, fonds & héritages qu'elle doit partager avec fes frères.

Quelques jours après fon mariage, Lentulus vend à fes beaux-frères tous les droits de Mœvia, moyennant la fomme de mille livres qu'ils paient comptant.

F. a

Cependant Mœvia, étant encore mineure, décède & laisse deux enfans qui meurent avant d'être parvenus à l'âge de puberté. On demande à qui doit être dévolue l'hérédité maternelle de ces enfans, à leur père, ou à leurs oncles maternels.

Le père qui la réclame, soutient que ses enfans n'ont laissé d'autre bien qu'une créance mobiliaire sur lui, créance qui, dans l'ordre des successions, doit nécessairement suivre la loi du domicile des parties : or il est incontestable que ces enfans sont morts domiciliés en pays de droit écrit ; leur succession mobiliaire doit donc appartenir à leur père.

A la verité, il avoue que la vente des biens-immeubles & dotaux de sa femme est nulle de plein droit ; mais il fait observer que cette nullité ne peut pas être opposée par ses beaux-frères, puisqu'elle provient de leur propre fait.

Les beaux-frères, sans examiner s'ils sont ou ne sont pas recevables à opposer le moyen de nullité, soutiennent que la somme mobiliaire due par le père à la succession de ses enfans, représente les immeubles dotaux

de leur mère, & qu'ainfi cette dot immo-
biliaire n'a jamais pu changer de nature,
pendant le mariage de la femme, & fur-tout
pendant fa minorité, & celle de fes enfans;
de ce principe ils concluent que quand même
la vente feroit valide, Mœvia auroit laiffé à
fes enfans un propre qui, quoique dénaturé
& converti en une fomme mobiliaire, re-
préfente néanmoins, dans la fucceffion, une
dot, c'eft-à-dire un immeuble de fouche &
d'eftoch, qui pendant la minorité des enfans a confervé cette effence primitive, cette
qualité fouchère qui fubftitue les immeubles
maternels à la ligne dont ils font provenus.

Je n'ai garde de prononcer fur des quef-
tions auffi ardues; mais je ne cefferai de
répéter qu'il eft bien malheureux que le
chaos de notre jurifprudence foit tel que
chaque année voie naître des procès, dans
lefquels des confultations, abfolument con-
tradictoires, font étayées des fuffrages les
plus impofans; procès fur lefquels les avocats
les plus habiles feroient peut-être dans
l'impoffibilité de donner une véritable raifon
de décider....... & cependant le père
de famille, auquel la prépondérance d'un

seul suffrage vient d'enlever toute sa fortune, ou qui, peut-être, n'a pas été aussi actif, aussi heureux, aussi exercé que son adversaire; cet infortuné, dis-je, est condamné comme un malfaiteur, à payer par corps quatre ou cinq mille livres de dépens.

(4) Je prouvois dans cette note l'utilité, la nécessité de la rédaction d'un code uniforme pour tout le royaume, par le projet de quelques loix que j'avois insérées à la suite de cet ouvrage; mais quoique décidé à ne parcourir qu'un très-petit nombre d'objets de législation, telle est l'étendue de cette matière, que malgré moi je me suis vu entraîné beaucoup plus loin que je ne pensois. J'ai donc pris le parti de partager mon ouvrage, & de le donner au Public sous deux titres différens: ainsi, je ne puis que renvoyer mes lecteurs à la brochure qui paroîtra immédiatement après celle-ci, & qui a pour titre.... *Esquisse d'un code uniforme pour tout le royaume.*

F I N.

APPROBATION.

J'AI lu, par l'ordre de Monseigneur le Garde des Sceaux, l'ouvrage intitulé : *Abus & dangers de la contrainte par corps ;* & je n'y ai rien trouvé qui puisse en empêcher l'impression. Fait à Paris, ce 31 Juillet 1787. *Signé*, DUFOUR.

PERMISSION.

LOUIS, par la grace de Dieu, Roi de France & de Navarre : A nos amés & féaux Conseillers, les Gens tenant nos Cours de Parlement, Maîtres des Requêtes ordinaires de notre Hôtel, Grand-Conseil, Prévôt de Paris, Baillifs, Sénéchaux, leurs Lieutenans Civils & autres nos Justiciers qu'il appartiendra ; SALUT. Notre amé le sieur DU CLOZEL D'ARNERY, Ecuyer, nous a fait exposer qu'il desireroit faire imprimer & donner au Public un ouvrage intitulé, *Abus & Dangers de la Contrainte par Corps,* s'il nous plaisoit lui accorder nos Lettres de privilége pour ce nécessaires. A CES CAUSES, voulant favorablement traiter l'Exposant, nous lui avons permis & permettons, par ces présentes, de faire imprimer ledit Ouvrage autant de fois que bon lui semblera, & de le vendre, faire vendre & débiter par tout notre Royaume, pendant le temps de cinq années consécutives, à compter du jour de la date des présentes Faisons défenses à tous Imprimeurs, Libraires & autres Personnes, de quelque qualité & condition qu'elles soient, d'en introduire d'impression étrangère dans aucun lieu de notre obéissance : A LA CHARGE que ces Présentes seront enregistrées tout au long sur le Registre de la Communauté des Imprimeurs & Libraires de Paris, dans trois mois de la date d'icelles ; que l'impression dudit Ouvrage sera faite dans notre Royaume, & non ailleurs, en beau papier & beaux caractères; que l'Impétrant se conformera en tout aux Réglemens de la Librairie, & notamment à celui du 10 Avril 1725, & à l'Arrêt de notre Conseil du 30 Août 1777; à peine de déchéance de sa présente Permission; qu'avant de l'exposer en vente, le manuscrit qui aura servi de copie à l'impression dudit Ouvrage sera remis dans le même état où l'approbation y aura été donnée, ès mains de notre très-cher & féal Chevalier Garde-des-Sceaux de France, le sieur DE LAMOIGNON, Commandeur de nos ordres; qu'il en sera ensuite remis deux Exemplaires dans notre Bibliothèque publique, un dans celle de notre château du Louvre, un dans celle de notre-très-cher & féal Chevalier, Chancelier de France, le sieur DE MAUPEOU, & un dans celle dudit sieur DE LAMOIGNON; le tout à peine de nullité des Présentes; DU CONTENU desquelles vous MANDONS & enjoignons de faire jouir ledit Exposant & ses hoirs, pleinement & paisiblement, sans souffrir qu'il leur soit fait aucun trouble ou empêchement. VOULONS que la copie des Présentes, qui sera imprimée tout au long, au commencement ou à la fin dudit Ouvrage, soit soit ajoutée comme à l'original. COMMANDONS au premier notre Huissier ou Sergent sur ce requis, de faire, pour l'exécution d'icelles, tous actes requis & nécessaires, sans demander autre permission, & nonobstant clameur de Haro, Charte Normande & Lettres à ce contraires. Car tel est notre plaisir. DONNÉ à Versailles, le deuxième jour du mois de Juillet l'an de grace mil sept cent quatre-vingt-huit, & de notre règne le quinzième. Par le Roi en son Conseil. LEBEGUE.

Registré sur le registre XXIII de la Chambre Royale & Syndicale des Libraires & Imprimeurs de Paris, N°. 1714, fol. 579, conformément aux dispositions énoncées dans le présent Privilége; & à la charge de remettre à ladite Chambre les neuf exemplaires prescrits par l'arrêt du Conseil du 16 avril 1785. A Paris, le 4 juillet 1788.

KNAPEN, Syndic.

ERRATA.

PAGE 5, *ligne* 19, pour lettres de chane, *lisez* pour lettres de change.

Page 26, *ligne* 3, popée, *lisez* poppée.

Page 27, *ligne* 12, villeté, *lisez* villité.

Page 37, *ligne* 6, étendues, *lisez* étendue.

Page 41, *ligne* 10, peusse, *lisez* puissent.

Page 44, *ligne* 3, jeté, *lisez* jetté.

Page 48, *à la note*, *ligne* 3, gagné, *lisez* gagnée.

Page 50, *ligne* 17, seroit, *lisez* est.

Ibid. *ligne* 20, seroit, *lisez* seroient.

Page 52, *ligne* 1, qu'il, *lisez* qui.

Page 58, *ligne* 15, sans doute que la justice, *lisez* sans doute, la justice.

Page 60, *ligne* 7, l'ordonnance de 1770, *lisez* l'ordonnance de 1570.

Page 62, *ligne* 9, affranchit, *lisez* a franchi.

www.ingramcontent.com/pod-product-compliance
Lightning Source LLC
Chambersburg PA
CBHW050602210326
41521CB00008B/1086